우리반의 이야기
아홉번째

정경삼 시집

청옥

서시

우맨의 이야기는
삶의 터전 일상 생활에서
보고 느끼며 생각하는 마음 밭입니다

생각의 씨앗이 건강하게
아름답게 피어나길 빌면서
그때 그때의 생각이나 느낌을

아름답게
표현해 놓은 흔적이고
우맨의 이름을 담보로 하는 약속입니다

귀엽게
애정을 갖고
시를 읽다 보면

아름답게 더 따뜻하게
가슴에 와 다가오리라
생각을 해봅니다

되씹어 즐기는 우공들을 바라 보면서 〈 우맨 〉

차 례

제1부 꿈은

제2부 나에게

제3부 갈바람

제4부 인생

제5부 생각

제6부 엽서

제1부

꿈은

꿈은

꿈은
이루어지라고
있는 것

간절히 원하면서
최선을 다한다며는
언제인가는 이루어지리라

사는 삶이 허무하다고
좌절 포기하는 일 없이
최선을 다하자

소망을 잃지 않고
최선을 다한다면
꿈은 언제나 그대의 몫
그대를 기다리고 있으리라

꿈 1

영혼이 맑은 사람이여
살아 깨어 있을 때
사랑을 하라

영혼이 깨끗한 사람이여
마음 밭에 벌 나비 찾아 들게
꽃의 씨앗을 뿌려보려무나

역사는 꿈꾸는 자의 몫
산다는 것은 운명에 도전
성공의 주인공이 너이기를 빈다

열심히
최선을 다하면서 살아가는
너와 나이었으면 좋겠구나.

웃는다

마음이 허할 때면
하얀 종이와 펜이
나의 벗

낮에는 일하고
밤에는 글을 읽고 쓰는 게
어느새 나의 낙

명필 명작이
아니면 어떻고
졸필이면 또 어떠리

너보다 날 위해
시심 시어를 긁어 모아
글 한 줄에 행복하고파

몇자
읊어 보고 웃는
나.

엽서 1

나 오늘 여기에
이쁜 그리움 하나
곱게 수놓아
당신께로 보낼까 합니다

나 오늘 여기에
가슴 깊은 곳의
진실된 마음을 담아
당신께로 보낼까 합니다

나 오늘 여기에
당신을 향한 따뜻한 내 사랑과
생각만 해도 가슴 뛰는 그리움 하나를

이쁘게 수놓아 띄우오니
글로 보시지 마시고
그 사람의 행위 진실로

더듬어
느껴
보시옵소서

나 슬프지 않도록

보고 싶은 사람
그리운 사람아
다시 만날 때까지
그냥 그대로 있거라

눈에 콩깍지가 씌었다는 것은
보이지 않는 것까지 사랑하고
좋아해 행복해 하나니?
내 마음 외면은 말어라

차마 내 마음처럼
너까지 날 좋아하라고
강요하지는 않으마
그냥 그렇게 있으면 돼

네 마음 얻을 때까지
어디론가 달아나지도 말고
그냥 그대로 있거라
나 슬프지 않도록.

앞으로 앞으로

하루 하루가
힘들고 어렵다 해도
오늘보다 내일을 위해

삶은
슬프지만
참고 견디는 것

보장되지 않은 삶
내일을 위하여
오늘도 걷는다 최선을 다해

하늘의 축복
행복을 찾아
앞으로 앞으로.

오늘의 뉘우침

찜통더위
폭염을 피하려고
집을 나서 봤더니

마른 하늘의 흰 구름이
소는 어쩌라고
집을 나섰냐면서

한 소리 하시는 말씀이
우리 안에 갇힌 소보다
네가 더 덥더냐 말씀

아이고 죄송하구만유
나 살자고 미쳐
그 생각을 못 했네요

이럴 때는 그냥
태풍에 폭우가
폭염에 찜통더위를
화악 날려 보내는 것 보고 싶다.

목부의 아침 일과

길조
아침 까치가 까악까악
눈곱 떼고 창문을 여니

아직까지 잤냐면서
누룽이 소까지
눈을 흘긴다

그래 미안하구나
나 옷 좀 입고
네 밥 주러 가마.

미팅

그제는
좋은 인연 만나려고
미팅을 갔더니

폭염 찜통의 하늘이
사랑이 장난이냐면서
고통 없는 사랑을 나무란다

허다한 날
마음 둘 곳 없는 심사
어디에 두고 어떻게 살라는 건지

자나 깨나 앉으나 서나
나에게도 친구 같은 연인
연인 같은 벗 하나 있었으면
좋으련만

행복

삶이 힘들게 해도
네가 있기에
그래도 살 만하다

네 모습의 눈 귀 코 입
어느 것 하나 빠진 것 없이
안 이쁜 것이 없구나

얼마 안 되는 인생
내일로 미룰 것은
없다

행복을
즐겨야 할 시간은
지금 이 순간

느끼자 행복을.

임아 1

사는 게 힘들어 하늘을 볼 때
빵긋 웃는 네 모습에
나는 행복했네
네가 있어

널 잊는 날까지
나 소홀함 없이
더 많이 아끼고
사랑하며 사르리라

고맙다
너 한 사람이라도
아직 내 가슴에 남아
그 자리를 챙겨 지켜 주는
네가 있어

기도

텅 빈 가슴에
마음 하나 얻어 채우려고
밤새워 기도했더니

눈물 마른
눈곱까지
힘들어 주저앉았다

좋아하는 사람 사랑하는 사람이
행복할 수만 있다면
무엇인들 못 하리오

텅 빈 가슴에
나쁜 생각일랑 하지 않도록
깨어 있는 말씀 좋은 글만
그리워 하리라.

명복을 빌면서

생명의 소중함은
당연한 이치인데도 외면하고

욕심이 널 죽이는구나
사람의 욕심이
미안하네 정말 미안하네

6개월 된 송아지로 만나
어느새 2년 인연은 여기까지인가 봐

그단새 다 크고 다 자랐다고
생명을 수입으로 따지는 날 용서하게
소야 저세상으로 가거들랑
사람이 없는 곳으로
힘차게 날아라

이 세상에 못 누린
행복과 자유를 찾아
마음껏 누리고 펼쳐 보게나.

당신께

옷깃만 스쳐도 인연이라는데
짧아도 눈 맞추면서 정이 들어
보고만 있어도 참 좋은 당신이었습니다

그리움은 무지개 색깔
때 안 묻은 네 마음 네 모습이 그리워
당신에게 편지를 띄워봅니다

사랑한다 말하면 달아날까 봐
조심스럽게 좋아한다
보고 싶다 써보옵니다

사랑은 메마른 가슴에
아름다운 사연 좋은 추억을
쌓아 가는 것

우리
꽃보다 더 고운 그리움에
주고 싶은 마음 받고 싶은 사랑을
아름답게 엮어 수놓아 가요

당신을 많이
좋아하는 사람이

편지를 쓰자

자나 깨나
앉으나 서나
생각나는 사람아

그리워
생각이
나거들랑

나처럼
이렇게
편지를 써요

사랑한다고
좋아한다고
편지를 써요.

중년의 그리움

생각하면 할수록
더 보고 싶고 그리운
네 모습

당신은 언제나
때 안 묻은 수련화처럼
티 없이 깨끗하기만 합니다

가는 세월 지는 노을
외로운 발걸음
혼자 가기가 힘들어도

그대와 함께라면
외로움은 저리 가라
기쁨과 행복뿐일 텐데

그래서 이렇게
그리움을 이쁘게 수놓아 가면서
하하 허허 웃고 웃으면서
즐겁게 살자 애를 쓰며 삽니다.

만남의 인연 1

살면서 인연 인연
말들을 하지만
만남이 별것인가

이런 사람 저런 사람도
만나고 헤어지는 게
삶의 기본 이치

만남에는 진실된 마음으로
정성을 다할 때
부처님도 돌아앉아
빙그레 웃는다 했듯이

만남의 인연은
서로의 가슴에 잔잔한 물결을 만들어
보다 나은 삶을 일구어 가는 것이리라.

그리움 1

한 사람이 그리운 건
한 사람을 좋아하고
사랑하고 있다는 것

한 사람이 그리울 땐
마음속으로 생각하고
보고 싶어 애를 태운다는 것

오가는 마음이 아니어도 좋다
내가 너를 얼마나 좋아하는지
넌 몰라도 좋다

힘은 들어도
너 없이 너를 좋아하고
사랑할 수 있어 좋다

내가 네게 바라는 바람은
이 글 이 마음을 끝까지 읽어주는 사람이
다른 사람 아닌 너였으면 좋겠다.

들꽃

찜통더위 속에서도
바람 불면
살랑이는 들꽃의 향연

언제나 그곳 그 자리에
수줍게 고개 내밀고
방긋 웃게 하는 너

네 이름은 몰라도
이름이 중요한가
너는 꽃 나는 사람

이름 모르는 꽃이라도
곱고 아름답게 피어나
사랑받고 지는 꽃

난 널 생각하면서
노래할 수 있어 즐겁고
난 널 사랑할 수 있어
행복하구나.

제2부

나에게

열심히 살자

옷깃만 스쳐도 인연이듯
너와 나 처음인데도
마음 문 열고 보니
보이는 따뜻한 사랑

그리움은 무지개 색깔
때 안 묻은 네 마음
네 모습이 그립다

보고 싶은 사람
그리운 사람아
보고 싶을 때 보면서
열심히 살다 가자.

걱정이 태산

지난번에 판 소들은
사랑이 넘쳐 났는지
좋은 등급에 좋은
시세였는데

이번에는 관심과
사랑이 부족했는지
밑지는 장사 적자에
마음이 시리다

땀 흘린 수고는 바라지 않아도
먹을거리 사료값과 짚 값
영양제 치료비 약 값은
어떻게 해야 할지

걱정이 태산이다.

2018.1.9. 19:19 우맨

만남의 인연 2

사랑은
따뜻하게 맞아
정성을 다하고

이별은 화끈하게
미련 아쉬움 없이
웃으며 보낼 일이다

이런 저런 사람 가리지 않고
인연을 소중히 할 때
삶은 더한층 윤택하리라.

사랑하자

한 사람의 단점이 눈을 가려도
그 사람의 장점을 찾아내어
아끼고 사랑할 때

하늘의 축복 인연은
아름답게 충실히 여물어
기쁨과 행복으로
찾아 들리라.

마음 문 열고 보니

마음 문 열고 보니
보이는 아름다운 모습의
당신이었습니다

세월은 속일 수 없어도
맑은 영혼의 때 안 묻은
당신이었습니다

당신은 아름다움의 극치
바라만 보아도 행복
그 자체

당신이란 사람을 볼 수 있어 행복하고
한 하늘 아래 같이 숨 쉴 수 있어
행복한 나입니다.

새해의 다짐

시끄러운 세상
불안하게 해도
마음 다잡아먹고
떳떳하게 살다 가겠다고
다짐을 해 본다

믿고 사랑하기도
부족한 세상에
등 돌리는 일 없이
서로 감싸 안으면서
행복이 넘쳐나는
삶으로 살아가리라.

2017년 마지막 날에

한 해를 보내면서

정들었던 사람들
한 해를 보내는 마음에
석별이라 하긴 너무 아쉬워
감사의 정을 되새겨 본다

두터운 우리 우정
마음에 오래오래 새겨
간직하고 싶은 마음
밤새도록 염원하면서

건강해라 행복해라
마음 다해 빌면서
2018 무술년에는
더 많이 사랑할 것을 약속하면서
석별의 마음을 그려 보낸다.

다짐 1

삶이 마음대로
되는 일 없어도
분수껏 만족할 줄 알고
즐기는데 인색지 않으면서
사람답게 살고자 애를 썼다

인생살이 뜻대로
되는 것도 아니지만
긍정적인 생각으로
나의 몫 다하는
괜찮은 사람이고 싶다.

임아 2

임아 사랑해

이러면 넌 놀라 이게 미쳤나
밑도 끝도 없이 왜 이래 이러겠지만

이 말을 하는 나는
하루 이틀 사흘 동안
수천 번도 더 생각을 하고도
이제야 용기를 내어 하는 걸
넌 모르겠지

진심 진실이 가득 넘쳐 나지만
수박 겉 보고   속을 모르듯 너도 날 모르면서
이해하려고 생각도 않겠지
이래서 사랑은 힘들고
어려운가봐

그래도 포기되지 않는
내 마음 나도 미워
ㅎㅎ 사랑해

허기진 마음

원해서 얻는
사랑과 지식은
값지고 좋은 것이다

나쁜 생각은
하지도
않으면서

날마다 잊는 만큼
구름 위의 바람을 채우고자
가슴을 열어둔다

석 자도 못 되는 가슴
마음 문 열고 보면
하늘을 담고도 남는 여유

허기진 마음에
좋은 것만 채우려고
하루 종일 헤매고도

이렇게
밤늦게는
책장을 넘긴다.

나에게도

나에게도 아직
지피고 싶은 불씨 하나 남았다면
그것은 다른 곳도 아닌
당신의 가슴속 마음밭이란다

당신이란 사람만큼
아름다운 사람 아직 본 일이 없다
당신처럼 가슴 뛰게하는 이 만나지도 못했다
마음 저리게 힘들게 한 이도 없었고

이렇게
마음 하나 띄워 놓고
사랑이라 할 수 없는 것은
혹시라도 겁내어 달아날까 싶어서이네

설령
이것이 마지막일지라도
하고 싶은 말 그것은
진정으로 당신을
사랑하고 있다는 것

인연이 있고 없음은 하늘의 뜻
마음대로 되지 않고 할 수 없는게
또한 사람의 마음이고
생각이 아닐까 싶구나

꽃이 피고 지는 것 같이
아름다운 만남 좋은 인연은
그대가 결정할 일이고
선택 또한 그대의 몫

사랑한다 당신
날 붙잡아
줘

보내는 마음

별 탈 없이 무럭무럭
건강하게 잘 자라기를
밤낮없이 애를 섰다

흘러가는 세월같이
수고로워도 보람으로
예까지 왔다

보내야 하는 내 마음
떠나는 네 마음이
얼마나 아플까

저세상으로 가거들랑
소로 태어나지 말고
사람으로 태어나거라

미안하다 우공
사랑했다 우공
자가라 우공

정말 정말
미안하다
진짜 진짜 미안하다.

속도 모르면서

누룽이들
밥 주고 짚 주고
건강하게 살찌기만
기다리는 데

어떻게 눈치챘는지
적게 먹고
운동한다고 야단이다

얌전하게 잘 자라라고
불알까지 까
거세를 하였는데

주인 속도 모르고
땀 흘리며 운동, 장난을 하다가
싸움까지 벌어져 애를 태우는 네가 밉다.

귀 빠진 날의 다짐

인생 힘들고 어려워도
태풍 비바람이 몰아쳐도
굴하지 않고 헤쳐 가는
지혜로운 사람
당당한 사람으로
살아가리라

흙탕물에 수련처럼
티 하나 없이 깨끗한 사람으로
베푸는 사람 따뜻한 마음으로
꽃보다 더 향기로운
그리운 사람으로
남으리라.

–칠월 칠석
별이 빛나는 밤에

가을 1

결실의 계절에는
무얼 비우고 채워야
잘 사는 삶일까

꽃잎 갈아 입고
단풍 되기를
기다리는 노을에

귀뚜라미 교향곡이
쓸쓸한 그리움으로
들리는 것은 왜일까

좋다 이 세상

이 글을 읽고 더듬어
행복할 수 있다면
나 글을 짓는 수고
아끼지 아니 하리라

이 좋은 세상
욕 되는 일 없게
살기 좋은 세상으로
아름답게 엮어 꾸며 가리라

사랑한다 당신
이 좋은 세상에
다투고 싸우는 일 없이
우리 아끼고 사랑하며 살다 가자.

결실의 계절 가을에

인간의 삶은 유한한 것
보람된 가치관으로
어떻게 살아야 할까

심은 것 만큼 거둔다는데
심지도 않은 수확은
바랄 수 없는 것

부단히 걸으면서
노력한 자만이 정상에
우뚝 설 수 있으리라

무에서 유가 보이면 희망이요
유에서 무에 멈추어 있다면
곧 죽음이다

오늘을 헛되이 보내는 일 없이
용기를 가지고 행동으로 옮기면
꿈의 정상이 그대를
반기리라.

사랑은 1

사랑은
가슴 뛰는 그리움으로
보고 싶어 애가 탈 때
아름답다

사랑은 계산 없이
맹목적일 때 순수하고
합리적일 때 무미건조
짜증이 나지만

사랑은
시작도 끝도 없는 한줄기 빛
밤이 깊으면 슬픈 사랑까지
그리운게 사랑이다.

간만에

간만에
그대란 사람을 만나
많은 이야기 추억을 담고자
애를 썼었지

때론 남의 눈을 피해
둘만의
마음 주고 사랑 받고자
진심 진실을 일구었지

근심 걱정 모두 접어 내려놓고
바라만 보아도 좋았던 당신

언제나
함께하는 사람은
당신이었으면 좋겠어

잠 깨어

잠 깨어
오늘을 볼려고
창문을 열었더니

아침 까치가
정성없는
진실을 꾸짖는다

시작이 반이라
좋은 생각 좋은 뜻을
품어 이루어 가지라는 뜻이 겠지

제3부

갈바람

갈바람

바람이 분다
파란 하늘에
흰 구름을 앞세운
갈바람이

미안해서
미안하다는 말도 못 하고
눈치만 보고
그냥 간다

지난 여름
너무 덥게 한 게
지네* 탓인양
고개도 못 들고
그냥 간다.

* 자기

사고는 긍정적으로

오지 않은
미래 때문에
불안 근심 걱정도 말아라

과거는 이미 지나갔고
미래는 아직 오지를
않았잖은가

내가 누릴 수 있는
사랑과 기쁨 행복은
지금 이 순간

시간에 쫓겨
나에게 주어진 행운
지금 이 순간을 놓치지 말고

지혜롭게 행하며
생각을 보탤 때
삶은 더한층 윤택
빛이 나리라.

세월 따라

봄인가 했더니 어느새 여름
그 지겨운 여름 넘기고 나니
어느 듯 가을 석양이네

꽃 지고 잎 진 가지를 잡고
미친 듯이 울고 웃어 봐도
되돌릴 수 없는 청춘이고 인생이 아니던가
힘든 세상 굽이굽이 휘돌아 예까지
비바람 속에서도 잘 참아온
자네와 나이지 않은가

즐겨 본 일 없이 앞만 보고 뛰어 온 삶
늦었지만 건강을 확인하고 챙기면서
인생 즐겁게 즐기면서 살다 가자
세월 위에 걸터 앉아

마음 주고 사랑 받으면서
몸 따라 마음 가는 대로
세상 구경이나 하다 가자.

가을 2

수확의 계절이고
천고 마비의 계절이며
사랑하기 딱 좋은 계절

가을이 외롭게 하거든
마음 비우고 거리를 나서 보라
많고 많은 사람들 속에 파묻혀
내가 나를 찾아 가는 지혜를 갖자

나의 뿌리
나의 색깔만큼이나
더 아름답게 여물어 익어 가는
나는 어떠리

갈 바람이 옷깃을 어미게 하는 날에

벌초

온 가족 다 모여
정성 다해
조상님 산소에
벌초를 다 하고 보니

가고 없는 조상님이
다시
생각이 난다

얼마나
더 많이 그리워하고
생각하면

가신 임
다시
볼수 있을는지.

하소연

언제인가부터 눈 뜨고 일어나면
생각나는 당신을 나는 어떻게 하여야만
내가 편하게 마음 놓고 살 수 있을까요

가까이 정든 사람이라면 당신 탓이 아닌 내 탓이라고
정신 수양이 덜 된 사람이 다른 사람이 아닌
나이니 이해하여야겠지만

이건 아니지 않은가요
내가 당신께 무얼 얼마나 잘못하였기에
날 날마다 이렇게 힘들게 못 살게 하신다요

스쳐가는 바람인 양 잠시 잠깐이었는데
우연이 필연처럼 참 많이 힘들게 합니다

사랑이 무엇인지
인연의 만남이 무엇이라고
마음 비우고 살라고 그랬는데
비우고 비워도 그대로 떠오르고 사라지는
당신은 진정 나의 무엇이란 말이요.

저녁노을

마지막 그 순간이
가장 황홀하고
아름다운 순간

매일 보는 저녁노을 석양이지만
마지막 그 순간 만큼
아름다운 적도 없었다

마지막이라서 슬프게 느껴져도
꿈과 희망이 있는 새로운 시작
내일이 있어 그래도 살 만하지 않은가

사랑하자
보고 느낄 수 있는
그 순간까지.

또

또 또순이가 보고 싶어
마음을 이쁘게 수놓아
그려봅니다

그리워 생각이 나는 김에
스치는 바람 편에 지금의 제 심정을
이쁘게 수놓아 띄워 봅니다

주고 싶은 마음
받고 싶은 사랑이
스치는 바람이라도

생각하며 웃고
그리워하며
행복해 할수 있다면

이것 또한
만남으로 가는 인연
보시가 아닐련지

진실은 무에서 유로 가는 믿음
슬프고 힘들더라도
웃고 웃으면서 살자.

보시

내 사랑 그리움은
심심하면 카톡만 날릴
뿐

여테 만나자는
기별 하나 없어
섭섭한데

하루 해는 왜 이리 잘도 가는지
어느새 낼 모래가
추석이란다

외로운 인생
스치는 바람이라도 잡고 싶은 심정으로
인연의 끈으로 맺고 싶으나

눈치도 없는 인생은
엉뚱한 데서 사랑 타령
보시도 가지가지

꿈 2

잠 못 이루는 밤에는
생각나는 그 무엇 때문에
가슴이 답답할 때가 있다

사람의 마음이란 게
급하면 급할수록
더 하고 싶은 게 마음이니

생각에서 벗어나고자
애를 쓰면 쓸수록
더 빠져 들지라도

진실되게 여물 수 있는 방법은
가시밭길 흙탕물에서도
물들지 않는 수련처럼

고개 내밀어
빵긋 웃을 수 있는
마음 가짐이리라.

생각나는 그리움에

생각나는 그리움까지
잊고 싶지 않은 마음에
이렇게 펜을 잡아봅니다

어디로 갈지 모르는
그대 마음을 붙들고
내 곁에 잡아 두고 싶은 욕심에

언제나 내 곁에 머물기를 빌면서

연모의 마음을 곱고 아름답게 수놓아 보았습니다

그대란 사람을 알게 되어
힘은 들어도 행복이고요
멀리서라도 생각하면
그리워할 수 있어 행복합니다

참 좋은 당신 그대를
사랑합니다.

사랑은 2

믿음으로 만난 마음들이
쌓이고 쌓여
원할 때

네 마음에 내 마음을
보지 못하고 듣지 못한다
해도

마음으로
느낄 수 있다면
사랑은 축복받은 인연으로

멀리 있으나 가까이 있으나
항상 그곳 그 자리에
별처럼 반짝 반짝

그대라는 당신

그대라는 사람은
날 참 많이
헷갈리게 합니다

문득 문득 떠오르고
사라지는
모습

그리우면 생각나고
생각하면 그리운
사람

눈을 감으면 보이는 당신을
어떻게 하면 눈을 뜨고도
볼 수 있을까요.

너 1

널 알고부터
생각하며 그리워할 수 있어
행복인 줄 알고

많은
생각을 하면서
글을 쓰며 좋아했는데

어느 날부터인가
너 없이 나만 좋아하는 것 같아
밑지는 장사 손해 보는 것도 아니건만

한없이
슬픈 것은
왜일까

외로움에
고독은
왜일까.

언제나 늘

생각나는 사람
그리운 사람으로
맛나게 살고 싶다

마음이 허전할 땐
보고 싶은 사람
만나고픈 사람으로

생각만 해도 위로가 되는
괜찮은 사람으로
멋지게 살고 싶다.

꽃과 나비

당신은
꽃이 될래
나비가 되고 싶나

나는
꽃이 될까
나비가 될까

사랑하는 사람아
그리운 사람아
너는 꽃 나는 나비

하나보다는 둘이 좋아
둘은 하나 마음도 하나
인연의 꽃길 따라 우리 함께 걸어 가자

비가 오나 눈이 오나
함께이어서 좋은
너와 나이었으면 좋겠다.

살면서

베풀고 나누면
마음 보시라도 나눈 만큼
삶이 한결 부드럽고
따뜻해지리라

마음 문 열어 놓고
오고 가는 사랑
막지도 거절도 말고
마음 주고 사랑 받으면서

기쁨은 배
행복만 하소서.

가을에는

젊어서는 살기 바빠
해 지는 저녁노을이
아름다운 줄 모르고
가을 하늘이 높은 줄
모르고 살았었는데

덜컥 몸이라도 아프고 보니
내가 나를 찾게 되는 요즘
나를 돌보지 못한 아쉬움에 뒤돌아보니
어느새
내 인생 지는 노을 산자락에
기대어 있는 신세
열심히 살았기에 후회는 없다만
그래도 하나 내가 왜 나를 잊고 살았을까 하는

얼마나 바빴으면
제 몸 귀한 줄 모르고
살았을까 하는 아쉬움에
가을에는 눈물이 난다.

너 2

오늘도 그제처럼
잠 깨어 눈 뜨고 보니
아름다운 네 모습

아직도 잘 것 같은 기분에
이불을 걷어 내고 보니
너무 예쁜 네 모습

참
곱고
아름다워

살며시 네 입술에
내 입을 갖다 대어 보니
어느새 사라지고 없는
너

제4부

인생

겁 없이

내가 널 보고 생각날 때마다
가슴 뛰는 마음에 참 곱고 아름답다
생각을 했더랬지

생각은 그서 끝나지 않고
바보 같은 게 보는 눈은 있어
겁 없이 널 사랑하고 싶기까지 했더란다

한두 번
거듭되는
만남에

난 그대에게 고정되어 있는데
그대는 꿈 많은 소녀처럼 더 높은 곳을
바라보고 있음을 느꼈었지

그래서 이렇게
생각이라도 날 때면
잊자 애를 태우면서 글을 쓴단다

별이 빛나는 밤에도

밤이 깊으면

밤이 깊으면
설레는 마음으로
그리운 사람 생각할 때

사랑의 힘은
견딜 수 없는 그리움에
글을 쓰고 시를 짓는 시인도 만든다

사랑하는 사람
그리운 사람아
너무 힘들게는 하지 마소

밤이 깊으면
없는 사람도
만들어

시를 짓고
글을 쓰게
한답니다.

사랑의 계절

나뭇잎 물드는 계절이 오면
어디론가 훌쩍
떠나고 싶은 마음

떠나고 싶은 마음은
어느 누구의 손을 잡고
아무도 모르는 곳으로 숨고 싶은 마음이다

끝이 보이지 않는
기쁨과 즐거움 속으로
한없이 한없이 행복에 매달려

사랑을 하고 나누는
아름다운 사연 추억에
젖고 싶은 마음이다

나뭇잎 떨어지는 때가 되면
쓸쓸한 마음 어떻게
어떻게 하오리.

꿈 같은 사랑

깊은 밤
잠 깨어 일어나도
생각나는 사람이 그대라면
넌 믿겠니

이렇게 고요한 밤
이렇게 좋은 밤에
그대라는 사람은 무슨 꿈을 꾸고
어떠한 모습으로 자고 있을까

아아 생각만 해도
가슴 뛰는 그리움
이승에 함께 머물면서도
함께가 아닌 너와 나

얄궂은 운명 꿈속에서나마
애태우는 일 없이 우리 함께해요
남의 눈을 의식하지 않고도
사랑할 수 있는 너와 나
꿈에 꿈같은 사랑만 하자구요.

인생

어디서 와서 어디로 가든
자연을 보고 배우는 마음으로
철따라 세월에 순응하면서
바람 따라 구름같이
떨어지는 낙엽같이
자연스럽게
자연의 품으로
돌아가는 게
우리들이 아닌가

그 길이 어디 언제 끝날지 모르지만
미리 겁도 먹지 말고 불안에 떨지 않는
너와 나이었으면 좋겠다

중요한 건 너와 나에게 주어진 몫
주어진 삶을 마음껏 즐기면서
지혜롭게 살아가는 길이 복된 삶
최선의 선택일 게외다.

사랑은 3

아름다운 꽃길
향기에
취해

분수도 잊은채
어느 누구에게
빠져드는 마음

아름다운 인연으로 가는
하나의 마음이고
애틋한 사랑

사랑은
오랜 기다림 끝에 맺어지는 꽃으로
언제나 연습도 없는 시작으로
먼- 훗날의 영원한 향기로 남으리라.

임아

사랑하는 사람
그리운 사람아
하나님은 어찌하여
널 보내 놓고
내 마음 속으로
끝없이 자꾸자꾸
빠져들게 할까

알수 없는 그 길
나오는 길도 모르는데

좋은 인연은
만들어 지는 게 아니라
만들어 가는 것

그대의 모든 것을
같이 소유하고
싶은 것은

욕망이 아닌
남은 인생 함께하고 싶은
욕심이란다.

사랑을 하면

두 눈을 감고도
보고 그릴 수 있는게
사랑이란다

나도
내 마음 문
가슴을 열어 두기만 하면
언제든지 갔다 올수 있는 사람이
나이란다

가을 3

불타는 산야
어디를 가도 울긋불긋
마음 설레는 가을

어디든 무작정 나서고 싶은
가슴 뛰게 하는
계절

살기 바빠
삶에 지친
몸과 마음

노란 단풍 잎에
붉게 물든 사연 가득 담아
훨훨 날려 버리고 싶은 마음

마음은 마음일 뿐이라고
생각을 다잡아 봐도
바람따라 갈대처럼
흔들리고 있습니다.

저녁노을에

저녁노을이
아름다워서 좋아도
떨어지는 유성에
아쉬움만 더하고

비우고 내려놓은 마음에
보듬어 따뜻해질 수 있는
사랑이 있다면

그것은
온 누리에 기쁨
행복 이리라.

보이지 않는 곳에서

오늘 하루도
보이지 않는 곳에서
너를 생각하며
그리워하며 산다

만나지 못하는 인연이라도
좋아한다 말하고
사랑한다 말을 해도
부담되지 않는 카톡이 있어 좋다

다양하게 오가는
관심과 사랑으로 정이든 우리
주고 싶은 마음 받고 싶은 사랑에
서산에 해 진다고
귀염둥이 워리가 지저귀는 오후 한때
못다 한 이야기

사랑은 우리
꿈속에서나 해요

뒤돌아보니

인생
살 만치 살아보니
별난 것도 없이
그렇고 그런 거지만

그래도
뒤돌아보면
모두가 아쉬움이고
후회만 가득

하루라도 남았다면
후회할 일은 하지도 말고
인생 즐겁게 행복하게
잘 살다 가시게나.

그리워

그립다
생각을 하면 할수록
더 그리워서

돌아 앉아
머 언 산을 쳐다보아도
생각만 간절

생각난 김애 펜을 잡고
글을 쓸까 시를 지을까
마음을 다잡아 보아도

머리에는
뿌연 그리움으로 뒤엉켜
글, 시가 되지 않습니다 그려.

사랑 1

사랑
그것은 기쁨으로
행복, 이별의 슬픔이라도
하고 싶은 게 사랑이다

별이 빛나는 밤에는
수많은 별들을 자세히 들여다보면
이 별 저 별 모두가
네 모습

모두가 그대로 보이는 것은
너무 많이 좋아해서이겠지만
그리워 생각하고 있는데도
자꾸 생각나는 그대

생각의 힘

근본은
마음에 있으니

사는 삶이
힘들지라도
매사에 긍정적으로

희망을
노래하다 보면
기쁨의 행복은 절로절로

우리 함께

삶이 어렵고 힘이 들어도
그대와 함께라면
힘이 되고

삶이 어렵고 힘이 들어도
살며시 다가와 "힘 내"
위로의 한마디

오고 가는 마음
따뜻한 사랑에
삶은 한없이 즐거우리라

주고 싶은 마음 받고 싶은 사랑에
세상은 아직도 살 만한 세상이란 걸
느껴 행복하리라.

너 3

행복은 언제나
열심히 살아가고 있는 사이
소리 없이 다가와 있지만

그래도 힘들 때 위로해 주고
슬플 때 말없이 안아 주는 사람이
너였으면 좋겠다

고독이 외롭게 힘들게 할 때는
살며시 다가와 손잡아 주는 사람이
너였으면 좋겠다

친구보다 더 믿음이 가는 사람
친구 같은 애인
애인 같은 친구로

언제나 함께할 수 있는 사람
그림자 같은 사람이
너였으면 좋겠다.

아름답게

삶이 힘이 들어도
열심히 살다 보면
어느새 와 있는
행복

행복
느끼고 즐길 사이도 없이
바람 앞에 구름같이
사라지고 없는 안타까움

열심히 사르리라
혼자 왔다 혼자 가는 인생이라지만
흔적이라도 아름답게
향기롭게 살다 가리라

꽃과 나비
별처럼 아름답게

내가 나를

내가 나를
챙기지 못한 어리석음이
한으로 남을 줄을
옛날에는 왜 몰랐을까

살기 바쁘다는 이유
잘살아 보겠다는 욕심 때문에
내가 나를 잊고 살아온 지난 날이
후회될 줄을 왜 몰랐을까

허리 디스크 협착증이
이렇게 아프게 할 줄을 모르고
앞만 보고 뛰어온 삶이
어리석음으로 남는 한

땅을 치며 통곡하고 싶다
뒤틀린 몸 망가진 육신이라도
끼워 맞추고 고쳐가며
내가 나를 아끼고 소중히 하며
사드리라.

사랑 2

어찌된 일인지
너와
난

가끔이라도
보고 만나면 반갑고
헤어지면 아쉬운 그리움

이게
사랑으로 꽃피우고 싶은
과정인가 보지

저녁 어두움

저녁 어두움은 힘든 일상에서
나를 구해준다

농장의 소들에게 저녁을 챙겨주고
개 죽까지 주고 나면
나에게 자유의 여유가 생긴다

몸 씻고 밥 먹고 이빨 닦고 나면
혼자만의 자유가 외로움이 되고
고독이 되니 얼마나 즐거운 일인가

하루해를 뒤돌아보면서
시를 짓고 글을 쓰다가
잠들 수 있으니 얼마나 좋은가
오늘 밤에는
나보다 나의 시를
더 좋아 한다는 사람들을 위해
마음 걸러 시를 짓고
글을 쓰리라.

제5부

생각

별이 빛나는 밤에 1

너를 생각 하면서
외로움에 고독을
보태고 뺄 것도 없이

간절히 원하다가
잠들고 보면 보이는
네가 있으니 그래도
다행이다

우리 인연
어디까지인지는 모르지만
그래도 소중히 하고 싶은
바람 하나 때문에
웃고 산다.

그대를 만나면서

어느 날인가부터
그대는 나의 기쁨이고
행복이었다

날개가 없어도
하늘을 날 것 같고
구름 위에 앉아 있는 기분이다

그대를 안고 가질 수 있다면
아마 이 세상 다 가진 것 같은
기분이겠지

그때가 언제일지는 모르지만.

너를 안고 싶다

너를 안고 싶다
차가운 내 심신
네 속에서 따뜻해지는 것을
보고 느끼고 싶다

혼자라는 외로움에 날 못 살게 할 때
더 많이 네가 생각나고
더 많이 그리웁다

보고 싶은 사람 보고
안고 싶은 사람 안을 수 있으면
얼마나 좋을까

주고 싶은 마음 받고 싶은 사랑
닫힌 문 열어 놓고 반기면 얼마나 좋을까

두 손 벌려
꼬옥 안아 주는 포근한 사랑은
이런 것이다
너를 안고 싶은 날에

그리움 2

만질 수는 없어도
보고 생각할 수는
있는 것

죽고 또 죽어
헤어져도
보고 싶고 생각나는 것

언제인가는
꼭 만날 것 같은 그리움에
설레는 바람

지금도
그 건의 업에 억매이어
헤어나지 못해
애를 태우는 마음.

우리 더 많이 사랑하자

어느 누구 앞에서도
얼굴 붉히는 일 없이
당당하게
아침 이슬처럼 맑은 사람
가슴 따듯한 사람으로 살자

녹슨 몸이라도
세상 이곳저곳 찾아 다니면서
좋은 것만 보고 느끼면서
하루를 살아도 후회없이
저녁노을의 아름다운 모습으로 살자

이렇게 좋은 세상
아름다운 날에
가슴 터질 것 같은 행복한 마음
마음 문 활짝 열어 놓고 보니
들리는 울림

거기에는
사랑을 앞세운 행복이더구나

우리 더 많이 사랑하자.

나 착하제

흔들리는 관광 빠스
음악 속에서
난 사랑과
행복을 알게 되었다

삶에 지친 스트래스를
흔들어 푸는 것이
살기 위한 것이라는
것도 알았다

폰 번호 하나
주고 받는 게
사랑이고 그리움이라는
것도 알았다

함께 춤을 추는 상대가
그대였으면 얼마나 좋았을까
생각을 해 보고 웃다가
이렇게 네게 편지를
띄운다

나 착하제

시심 시어 한 줌

나 홀로
그대는 어느 하늘 밑에
외로움에 고독만 한 아름

허전한 마음 어쩌다
내 마음 내가 버리고 보니
찾아드는 시심 시어가 꿈틀 꿈틀

바람아 멈추어라
가슴이 뛴다
시심 시어는 그냥은
잘 떠오르지 않는단다.

친구야

여보시게 친구
별일 없이 잘 있는가
참다 참다 안 되는 줄 알면서도
이렇게

마음이라는 게
본래 마음 먹은 대로
되지 않을 때도 있는 게
또한 마음이지 않은가

주고 싶은 마음
받고 싶은 사랑
밤새도록 기도하다가
이렇게 기인 편지를 섰다네

건강하시라고
행복하시라고
당신을 사랑하는 마음
어느새 능금처럼 빨갛게 익었다네

성공으로 가는 길

나 자신을 조금
낮추고 비우고 보면
다가오는 좋은 사람들의
생각과 지혜

마음을 열고 받아들일 때
성공으로 가는 삶은
시작되는 것

현명항 사람
훌륭히 살아온 사람들의
글이나 말에 귀 기울여
좋은 생각으로 받아들일 때

우리들의 삶도
더 한층 건강하고
행복한 삶으로 도약되리라.

바람 따라 바람 부는 대로

날씨가 겨울로 가는 추위에도
생각나는 그리움은
설렘으로 뜨겁기만 합니다

가을 볕에 물들어
제 빛을 내고 가는 낙엽에
슬픔만 보태는 노을

생각도 없이
그렇게 열심히 산 삶이
아쉬움으로 닥아오는 것은

좋은 세월 다 보내 놓고
뜻있게 살고 싶은
너와 나의 꿈

낙엽처럼
그냥 그렇게
바람 따라 바람 부는 대로

詩 하나

그리움에 생각을 넣고
생각에 사랑을 넣어

하이얀 백지 위에
정성 다해 수놓아 보니

아름다운 시심
노래하고 춤을 춘다.

다짐 2

돈 권력을 쫓아 헤매다가
그대란 사람을 알게 되어
돈 보다 사랑이란 것을
알게 되었다

욕망 욕심이란 것을
내려놓고 보니
보이는 사랑과 행복

마지막 인생길에
당신이란 知人을 만난 것은
하늘의 축복 행복인 것을

아껴 돌보지 못한 나란 사람
나는 나를 찾아 돌보며
그대와 함께 고민하며 사르리라

눈

눈이 내리는 것 보고 싶다
눈을 밟고 걷던 그 길
더듬어 추억에 빠지고 싶다

눈이 내리는 날에는
텅 빈 가슴에
하얀 눈을 가득 채우고 싶다

만약 만약에
오늘의 이 기분
이 생각에 같은 사람이 있다면

화롯불에
군고구마 구워 먹는
추억을 만들고 싶다.

생각

사랑하는 나이라서
오늘도 쉬는 일 없이
널 찾아 헤매었다

나의 생각 속에 머물러
속을 태우는 네 모습
네 얼굴

나의 가슴은 타고 남은 재로
뜨거운 한숨으로 바람 따라
구름 속을 노니는구나

안아 보지 않아도 느낄수 있다
가슴 뛰는 따뜻함을
왜 모르겠나

마주 보고
두 팔 벌려
안고 싶은 순간 순간을

사랑과 우정

마음 주고 사랑을 받고 싶듯
나도 누군가에게
 마음 주고 사랑받고 싶다

꽃이 피고 열매를 맺지 못할지라도
마음 주고 사랑받는 사람이고 싶다

함께 일 수 없는 그림자일지라도
그대 볼 수 있는 곳이라면

나는 너에게 너는 나에게
친구 같은 연인, 연인 같은 친구는 어때

너는 나에게 생각만 해도
그리워지는 그리움이다.

멋지게 폼나게 살다가자

살기가 힘든가
그래도 우리
용기 잃는 일 없이
더 열심히 살자

잘 되리라는 보장은 없지만
그렇다고 손 놓고
포기할 수 없는 게
인생이지 않은가

한 번뿐인 인생
더 멋지게
더 맛나게
후회 원망도 없이 폼나게 살다가자

네 곁에
그림자 되어
언제나 함께할 내가 있음을
잊지나 마시게

하루를 살아도
열심히 최선을 다하는
너와 나 최고의 날로
하루하루를 만들어 가자.

별이 빛나는 밤에 2

별빛 쏟아지는 창문으로
마음 흔들고 가는 풍취에
나는 나도 모르게
펜을 들었다

별 달을 그릴까
사랑을 그릴까
춤추는 시심 시어에
덩달아 둥실둥실

불 끄고 자라는 마누라 잔소리에
지나가는 바람이
빙그레
웃고 간다.

여유

바람 잘 날 없던 지난 세월
뒤돌아 보면 아쉬움이고
후회뿐이다

추녀 끝에 매달린
아름다운 사연 추억은
저녁노을에 유영할 때

머 - 언 산 바라 보면서
글 한 줄 쓸 수 있는 여유란 시간에게
감사하다고 글을 올릴 수 있어
행복하구나.

임에게

임아 머하노
안 바쁘면 나와라
놀자

꾸미지 말고
그냥 그대로
나와

있는 그대로가 나는 좋더라
손 보고 다듬지 않아도
남보다 더 이쁜 네 모습 아이가

괜히 죄 없는 사람
기 죽이지 말고
있는 그대로 나와

어느 것 하나 버릴 것 없고
남주기 아까운
네 모습

티 하나 흠 하나 없는
그 마음 그 모습이
아름답다.

어쩌면 좋니

생각나는 그리움이
머물러 쉬는 곳에는
언제나 자네라는 사람

조절되지 않는 마음에
잊자 잊자 도리질을 해 봐도
그게 그렇게 쉽지가 않네

보는 눈도
생각하는 머리도
가슴 뛰게 하는 마음까지
내 마음대로 되지 않아

싹트는 사랑
두근대는 가슴
어떻게 할까
어떻게 하면 좋니

사랑과 행복은 마음속에서
자리 잡고 시작한다는데
내 마음속에는 온통 자네뿐이니
이 일을 어쩌면 좋니

편지

생각나는 김에 써 보는 편지
마음 담아 전하는
그리움이라 써 본다

긴긴 사연 좋은 글이
아니면 어떠리
마음만은 진정인 것을

생각나는 김에 써 보는 편지
그리워 생각나는
임이라 써 본다

하루 종일 생각하고도
모자라는 날에는
밤세워 이렇게 편지를 쓴다.

제6부

엽서

임

마음 좋은 마음에
이쁘기만 한 그대 모습

나 어찌 사랑하지
않을 수 있으랴

덕분에 사랑이고
행복인 것을

나 그대 잊는 일 없이
행복만 하리라

엽서 2

지난해 보내 주신
관심과 은혜에
감사 드립니다

희망찬 새해를 맞이하여
가내에 늘 편안과 만복이
가득하기를 기원합니다

새해는 건강을 살피면서
행복을 만들어 가는 한 해가
되시길 바랍니다.

사랑 3

사랑은 마음 비우고
내려놓으라는데
왜 갖고 싶어 애를 태울까

네 것도 내 것도 아닌 것
마음 주고 사랑받다가
끝내는 것이 사랑일진데

왜 품어 가지려고
애를 태우면서
힘들게 살까

사랑은 잔잔한 물결같이
아름답게 꾸며
가는 것

무지개 다리 위에
있는 그대로의 우리
순수하게 살자.

〈시끄러운 사회 미투란 뉴스를 보다가.〉

이렇게

비가 오는 날에는
사랑하는 사람
그리운 사람이
생각나는 날

이렇게
비가 오고 추운 날에는
따뜻한 구들목에 누워
아름다운 사연 추억에
젖어 보는 날

이렇게
비가 오는 날에는
사랑하는 사람
그리운 사람과의 인연을
소중히 생각하며 아름답게
꽃피워 내는 날

참을 수 없어

인생 즐겁지 않으면
사는 맛이 영
아니지 않은가

인생 백 년도 안 되는 것을
천 년을 살 것처럼
마음 잡수지 마라

꽃을 보게 되면
아름다움에 취해
흔들리는 게 사람이고

꺾어 갖고 싶은 게 사람인데
하물며 곱고 이쁜 너를 보고도
내 어찌 욕심내지 않고
참을 수 있으랴.

아침 일과

이른 아침 날이 샐 때
사시사철 어느 때나
시골 외진 곳의 목장에는

아침 까치가 까악 까악 노래하며 높이 날 때
소들도 한 마리 두 마리 일어나
친구들을 찾아보고 아침 운동을 한다

힘이 들어도 부끄럽지 않은 사람
열심히 사는 사람으로 남고 싶어
남들보다 먼저 일어나
소 밥 챙겨 주고 개 밥 주며
꼬꼬댁 닭장으로 가니 맛 나는 모이 주면
나도 네 입에 맞도록 맛나게 잘 클게 하면서
애교를 부리는 닭

싱그러운 바람, 때 안 묻은 고요
산사의 목탁 소리까지
온 누리의 기쁨이고 축복이다.

그냥 그렇게 살자

떠나는 사람
변해버린 사람
탓하지 말고
그냥 그렇게 살자

스치고 떠나는 인연
잡는다고 내 곁에 남으랴
그냥 그렇게 살자

인연이 묘해
남을 사람은 어떠한 일이 있어도
떠나는 일 없이 내 곁에 남는 우리 인연

마음 주고 사랑 받으면서
아름다운 사연 추억을 만들기도
부족한 시간에 힘들게 살 필요는 없다

있는 그대로의
나는 너를 너는 나를
사랑하고 사랑하며
그냥 그렇게 살자.

詩

시는
고독한 사람의 울림
시심 시어이다

바람 따라 구름같이
이리저리 흘러가는
너와 나의 이야기
사랑의 노래이다

오늘도
바람 따라 구름 속에서
많은 이야기를 하다
사라지는 흔적이다

욕되지 않게 살고 싶은
꽃보다 더 아름다운
착한 생각 착한 마음의
나의 흔적 마음이다.

남은 세월

꽃처럼 이쁜 얼굴도
가는 세월 앞에는
어쩔 수 없지만

마음 꽃 아름다운 것은
향기까지도 언제나
아름답지 않은가

사랑하자 내가 너를
너가 나를 믿고 사랑할 때
행복은 절로 절로

마음 주고 사랑받으면서
남은 세월 언제나 늘
즐겁게 살다 가요.

난 널

힘들게 살면서도
너만 생각하면
힘든 삶도 잊고
네 생각에
난 행복 해

그래서
난 널 택했나 봐

네가 날 힘들게 해도
하나보다는 둘
둘이 외롭지 않고
좋을 것 같아

그래서
난 널 택했나 봐

얼마 안 되는 인생
나보다는 먼저 상대를
사랑하는 마음으로
마음 주고 사랑받으면서
살고 싶구나

세월

어느새 2018
무술년 개띠
나의 사랑 행복은
보이지 않는데

불안하게 김정은이가
핵을 가지고 장난칠 때
어느 누굴 믿고
어느 누굴 사랑할까

어둠과 더불어
고독은
친구 하자
속삭입니다.

보일 듯 말 듯

지나 온 길 가는 길도
묻지도 말고
알려고도 말자

기쁨이나
슬픔도 모른 채
바람 따라 구름같이

허전한 마음 시름 한 움큼
청산 되리, 흙 되리
솔바람 불어 와
보이듯 말 듯

무에서 유로 가면 살고
유에서 무로 가면 죽음인데
그래도 서럽지 않고 슬프지 아니하나
견딜 수 없는 기다림은 어떻게

사랑은 4

사랑은
보고파 그리울 때가
아름다운 것

사랑은
목마른 아쉬움에
그리워했던 시간이 행복이다

사랑은
그리움의 고통이라도
하고 싶은 게 사랑이고

어려워도
인연을 소중히 하는 사람으로
살아가야 하리라.

두 사람

한 사람이 한 사람을
사랑을 했더랍니다

그러나

한 사람은 한 사람의
마음을 알면서도
세월만 보내고 있었답니다

세월은
그리 길지도 않은데
영원한 것처럼

차라리

진심으로 마음 다해
사랑한다
좋아한다 말해도

먼 산만 바라보고
외면한다면
이것은 진심을 외면한 처사

차라리 보따리 싸
깊은 산 큰 절을 찾아
머리 깎는 일은 어떠리.

연락

연락만 주시면
아무리 멀어도
버선발로 뛰어 가겠습니다

가슴 뛰는 설렘
흥분되는 마음으로
손 내밀어 악수부터 청할께요

바쁘면 바쁜 대로
그냥 그렇게 있어도 괜찮습니다
기다리는 시간도 축복이니까요

즐거움으로 여길게요
그대는 그저 그렇게
잊지나 않았으면 합니다.

외로움이 그립게 할 때

깊은 영혼
고뇌하는
눈빛

외로워
고독을 불러 목을 껴안고
볼을 부벼 봐도

차가운 바람
좀처럼
녹지 않는 심신

당신이어야 하는데
당신이라야 날
잡아 줄 수 있는데

마음 문 꼭꼭 걸어 잠그고
먼 산만 바라 볼 때면
난 참 견디기 힘이 듭니다.

외로울 때는

흔들어 대는 외로움 속에서는
나는 언제나 당신이란 사람을
생각하게 됩니다

이게 사랑이고
그리움 이란 것도
알게 되었습니다

고독이란 양반이
친구 하자 속삭일 때면
어김없이 나타나는 당신

이게 시가 되고 글이 되는
그리움이 되는 것도
알게 되었습니다

그래서 이렇게 매일
나는 너를 위해 나를 위해
시를 짓고 글을 씁니다.

사랑 4

사랑은 누군가를
마음 주고 사랑
받고 싶은 것

사랑은 누군가를
힘이 들어도 지혜롭게
사랑을 만들어 가는 것

사랑은 서로의 가슴에
잔잔한 물결을
수놓아 가는 것

사랑은 좋다
이유도 없이
그냥 좋은 것

사랑하자
그러면 보일 것이다
행복이

해설

자아의 내적 감정과 정서의 토로와 진술의 시
– 우맨 정경삼의 시세계

최영구 | 시인, 문학박사

시는 사실 자아의 내면 의식과 정서적 반응을 다룬다. 우맨 정경삼의 시도 예외는 아니다. 하지만 우맨 정경삼의 시가 대부분의 보편적 시와 다른 점은, 대부분의 시들이 외부 세계인 타자에 서정적 자아의 감정 이입이나 서정적 반응을 주로 보여주는데 반해. 우맨의 시는 타자에 대한 정서적 반응보다 자아의 내면적 감정과 정서적 고조와 지향에 더욱 몰두한다는 점이다. 그건 사적인 화두에 집착한다는 의미이기도 하다.

그런 점들로 하여 우맨 정경삼의 시는 더욱 고백적 성격을 띠거나 감정의 직접적 토로에 가까운 시가 된다. 또한 그의 내면의 감정과 정서적 반응의 고조는 대상과의 거리를 상관하지 않는 편이다. 하여 우맨 정경삼의 시는 감정 이입이라기보다 직접적 진술이나 토로에 가깝다. 포스트디지털 시대에 아날로그 방식의 시 쓰기라고나 할까.

그런 점들로 하여 우맨 정경삼의 시는 보편적 시들과는 다른 특성을 지닌다. 감정의 직접적 진술이나 토로는 먼저 닫힌 시가 되게 한다는 점이다. 감정이 우회되거나 여과되는 일이 없이 진솔하게 독자에게 전달된다. 독자들은 우회나 별다른 상상력 없이도 쉽게 그의 정서나 감정과 만나게 된다. 효율적인 시 쓰기라고나 할까, 감정적 사실성이라고나 할까, 그의 시가 보여주는 감정의 진솔한 노출은 보편적인 시에서는 만나기 어려운 그런 특성이라 하겠다. 그런 점들이 우맨 정경삼 시의 시적 한계이면서 개성이기도 하다.

덧붙여 둘 것은 시의 보편적 특성은 철학이나 과학처럼 이성적 논리에 의존하지 않으며, 시의 언어는 일상적 언어와는 다르다는 점이다. 감정과 정서의 노출보다 감성적 인식에 바탕을 둔 함축적 상징적 성격을 띤다. 하지만 모든 시가 그런 시의 일반화된 발화에 매달릴 필요는 없다고 생각한다. 나름의 개성적인 시의 틀이나 언어로 자기 시를 구축해 낸다면 그 또한 개성적인 시가 아니겠는가. 시에 대한 일반적인 선입견을 버린다면 우리는 색다르고 개성적인 시들을 편견 없이 창조하고 만날 수 있을 것이다.

하지만 시는 지나친 감정의 노출이나 토로보다 감정의 절제가 우선 되어야 한다는 점은 늘 강조된다. 그래야 더욱 좋은 시가 된다는 점도 잊지 말아야 한다. 시는 감정과 정서의 표현이면서 감정과 정서의 절제요, 시는 언어에 의해 표현되지만 언어 죽이기이다. 아무리 개성적 시라 하더라도 그런 점은 늘 고려되어야 한다. 왜냐하면 자기만의 개성적인 시도 장르의 특성이나 틀을 완전히 벗어날 수는 없기 때문이다.

원해서 얻는
사랑과 지식은

값지고 좋은 것이다

나쁜 생각은
하지도
않으면서

날마다 잊는 만큼
구름 위의 바람을 채우고자
가슴을 열어둔다

석 자도 못 되는 가슴
마음 문 열고 보면
하늘을 담고도 남는 여유

허기진 마음에
좋은 것만 채우려고
하루 종일 헤매고도

이렇게
밤늦게는
책장을 넘긴다.

—「허기진 마음」 전문

우맨의 시 「허기진 마음」은 우맨 정경삼의 주경야독이랄까, 진리 탐구에 대한 열정을 읽을 수 있는 시편이다. 그가 깨어 있는 의식의 소유자라는 것도 알 수 있다. "원해서 얻는/사랑과 지식은/값지고 좋은 것이다" 원하는 게 '지식'만이 아니다. '사랑'과 함께 지식을 원한다.

인간적 윤리나 감정이 거세된 지식은 죽은 지식이나 지혜에 불과하다. 여기서 사랑은 함축적 의미를 거느린 시어이다. 사랑은 휴머니즘과도 관계된다. 사랑이 없는 사회, 사랑이 없는 인간관계는 죽은 사회요 비인간적인 관계다. 요즘 세태가 그렇다. 물질적 집착에 사랑은 경시된다. 그게 어떤 사랑이든 말이다. 자본에 통합된 시간은 우리를 늘 경쟁으로 내몬다. 생산만이 최고의 선이요 가치이니까.

시를 쓰는 일은 마음을 채우는 일이다. 시란 모든 존재에 대한 근원적 사고와 본질 탐구에서 시작된다. 근원적 사고와 본질이란 그렇게 거창한 의미를 거느린 언어가 아니다. 인간과 경계를 허문 존재의 가치 탐구라고나 할까. 모든 존재의 가치 존중에 근거를 둔 사고와 성찰이라 할 수 있다. "마음 문 열고 보면/하늘을 담고도 남는 여유"그렇다 모든 존재는 존재 속에 우주를 담고 있다. 그게 존재의 신비다. 그러므로 각자가 거느린 마음은 우주만 한, 한없는 품과 넓이를 가진다. 그걸 다 채우고 싶은 시인의 마음을 읽을 수 있다. 그래서 '밤늦게 /책장을 넘긴다' 그가 깨어 있는 시인이기 때문이리라.

나에게도 아직
지피고 싶은 불씨 하나 남았다면
그것은 다른 곳도 아닌
당신의 가슴속 마음밭이란다

당신이란 사람만큼
아름다운 사람 아직 본 일이 없다
당신처럼 가슴 뛰게하는 이 만나지도 못했다
마음 저리게 힘들게 한 이도 없었고

이렇게
마음 하나 띄워 놓고
사랑이라 할 수 없는 것은
혹시라도 겁내어 달아날까 싶어서이네

설령
이것이 마지막일지라도
하고 싶은 말 그것은
진정으로 당신을
사랑하고 있다는 것

인연이 있고 없음은 하늘의 뜻
마음대로 되지 않고 할 수 없는 게
또한 사람의 마음이고
생각이 아닐까 싶구나

꽃이 피고 지는 것 같이
아름다운 만남 좋은 인연은
그대가 결정할 일이고
선택 또한 그대의 몫

사랑한다 당신
날 붙잡아
줘

–「나에게도」 전문

사랑은 신비롭고 성스러운 것이다. 사랑은 자신의 마음밭에서 싹튼 것이지만 도무지 마음대로 다스릴 수 없는 신비다. 그게 사랑이란 열정이다. 사랑하는 사람이 하고 싶은 말은 그저 너를 사랑한다는 말일 게다. 하지만 진정 사랑에 빠진 사람은 그런 말을 함부로 할 수 없게 된다. 사랑은 상대에 대한 배려요 흠모하는 마음이요, 또한 사랑은 경박한 행위를 거부하기 때문이다. 사랑은 사랑하는 사람에 대한 흠모에서 시작하지만 완전한 사랑은 사랑하는 사람과 사랑에 대한 합일에 이를 때 비로소 진정한 사랑이 시작된다. 그래서 사랑하는 이의 '마음 밭에 불씨 하나 일구고 싶다'고 토로한다. 일방적인 사랑은 큰 비극일 수 있다. 상대의 마음을 얻기 위해서는 더없이 조심스러워지는 이유가 거기 있다. 그래서 사랑하는 사람은 사랑을 얻기 위해 제 모든 것을 바칠 각오가 필요하다. 그러면서도 사랑하기 때문에 상대의 마음을 존중하게 된다. 그게 사랑이다. "인연이 있고 없음은 하늘의 뜻/마음대로 되지 않고 할 수 없는 게/또한 사람의 마음이고/생각이 아닐까 싶구나" 사랑은 스스로 우러나는 마음이다. 강요된 사랑은 사랑이 아니다. 위의 시에는 사랑에 대한 배려와 경건한 고민이 사랑하는 마음과 함께 공존한다. 참된 사랑에 대한 인간적 고민을 읽을 수 있는 시다.

나 오늘 여기에
이쁜 그리움 하나
곱게 수놓아
당신께로 보낼까 합니다

나 오늘 여기에
가슴 깊은 곳의
진실된 마음을 담아
당신께로 보낼까 합니다

나 오늘 여기에
당신을 향한 따뜻한 내 사랑과
생각만 해도 가슴 뛰는 그리움 하나를
이쁘게 수놓아 띄우오니
글로 보시지 마시고
그 사람의 행위 진실로

더듬어
느껴
보시옵소서

—「엽서」 전문

우맨 정경삼의 시 「엽서」도 사랑에 관한 시다. 위의 시는 우맨 정경삼의 다른 시와는 달리 사랑이라는 속말을 형상적 사고로 그려낸다. 형상적 사고란 추상과 대비되는 말이다. 그 바탕은 감각적 인식에 있다. 또한 형상적 사고는 감성적 인식에서 출발한다. 그래서 매우 인상적인 것이 된다. '보낼까합니다' 의 반복도 매우 시적이다. '엽서'가 매개된 시어니 필연성도 있게 된다. "나 오늘 여기에/가슴 깊은 곳의/진실된 마음을 담아/당신께로 보낼까 합니다" 둘째 연이다. 엽서에 사랑하는 마음을 담아 띄우겠다는 일상적 진술을 감성적 진술로 구축해 낸다. '이쁘게 수놓아 띄우오니'엽서에 담긴 언어를 수에 비유해 형상화한 말이다. 연모와 연정 그건 우리 존재의 근간이다. 그래서 동서고금의 많은 시인들이 사랑을 테마로 노래한다. 우맨 정경삼 시에도 그런 사랑하는 마음을 시로 구축해 보여주는 시들이 많다.

찜통더위
폭염을 피하려고
집을 나서 봤더니
마른 하늘의 흰 구름이
소는 어쩌라고
집을 나섰냐면서

한 소리 하시는 말씀이
우리 안에 갇힌 소보다
네가 더 덥더냐 말씀

아이고 죄송하구만유
나 살자고 미쳐
그 생각을 못 했네요

이럴 때는 그냥
태풍에 폭우가
폭염에 찜통더위를
화악 날려 보내는 것 보고 싶다.

–「오늘의 뉘우침」 전문

우맨 정경삼의 「오늘의 뉘우침」은 우리시대의 문학은 시선이 현실로 다가와야 한다는 문학관을 그대로 보여주는 작품이다. 올여름 더위는 장난이 아닐 만큼 살인적이었다. 올 여름의 더위와 관련된 일화라고나 할까. 올여름 더위와 싸우며 살아가는 우맨의 이야기다. 그걸 '더위'와 '소'와 '자아'의 상관적 고리로 연관시켜 보여준다. 우맨답게 소에 대한 사랑이 묻어난다. 자아보다 소를 더 소중히 여기는 마음도 읽을 수 있다. 반성의 기재가 소에서 비롯됨이 그것을 말해준다. 사육하는 소의 생존과 안위는 기르는 사람에게 달린 것이다. 그가 처신을 어떻게 하느냐에 따라 소의 생존은 결정된다. 그걸 모르는 사육자는 소를 소유할 자격이 없는 법이다. 사육을 업으로 하는 사람들의 윤리 의식이기도 하다. 광의로는 모든 생명을 소중히 하라는 시적 환기다. 우맨의 소에 대한 사랑을 읽을 수 있어 더욱 호감이 가는 시다. 사육하는 소를 위해-그건 곧 화자인 자아를 위하는 일이기도 하지만- "이럴 때는 그냥/태풍에 폭우가/폭염에 찜통더위를/화악 날려 보내는 것 보고 싶다." 사육하는 일에 대한 사랑과 애착이 묻어난다.

찜통더위 속에서도
바람 불면
살랑이는 들꽃의 향연

언제나 그곳 그 자리에
수줍게 고개 내밀고
방긋 웃게 하는 너

네 이름은 몰라도
이름이 중요한가
너는 꽃 나는 사람

이름 모르는 꽃이라도
곱고 아름답게 피어나
사랑받고 지는 꽃

난 널 생각하면서
노래할 수 있어 즐겁고

난 널 사랑할 수 있어
행복하구나.

-「들꽃」 전문

모든 생명 있는 것들에 대한 존재적 가치와 소중함을 함께 느껴볼 수 있게 하는 서정이 아름답다. 왜 하필 '풀꽃'이었을까. '풀꽃'은 아름다움을 연상시킴과 동시에 연약한 존재를 상징하는 생명이다. 풀꽃은 아름다운 꽃을 피워낸다. 그게 풀꽃이 주는 생명의 신비다. 모든 존재들은 그들 나름의 존재적 가치를 지니면서 다른 존재에게 에너지를 주게 된다. 에너지의 소유와 배분으로 서로를 존재하게 하는 게 모든 존재의 존재적 가치요 소중함이다. 아무리 하잘 것 없는 존재라도 그렇다. 크게 보면 그게 자연의 이치요 질서다. 그런 질서를 우리는 우주적 윤리라 말하기도 한다. 그런 이치를 읽어낼 수 있는 게 시인이다. 연약한 풀꽃의 생명도 놓치지 않고 존재적 가치를 찾아내어 시화할 수 있는 눈, 그건 아무나 지닐 수 있는 안목이 아니다. 우맨 정경삼의 시 「들꽃」은 생명 있는 것들에 대한 경배의식을 읽을 수 있어 호감이 가는 시다.

눈이 내리는 것 보고 싶다
눈을 밟고 걷던 그 길
더듬어 추억에 빠지고 싶다

눈이 내리는 날에는
텅 빈 가슴에
하얀 눈을 가득 채우고 싶다

만약 만약에
오늘의 이 기분
이 생각에 같은 사람이 있다면

화롯불에
군고구마 구워 먹는
추억을 만들고 싶다.

－「눈」 전문

하얗게 눈이 쌓인 산야, 눈 덮인 마을과 길, 그런 풍경은 특히 추억의 공간이다. 추억할 때마다 마음에 새롭게 자리하는 공간이다. 그런 추억에는 동심이 함께 있다. 세상 물정을 모르던 어린 시절 눈과 하얀 풍경이 마음을 사로잡아 매료되던, 눈의 풍경이 동경이 되던 어린 시절의 추억은 우리의 의식 속 기억과 추억으로 남아 때마다 우리를 그런 추억과 동경에 빠져들게 한다. 눈이 내리는 날이면 혹은 그런 날 이젠 성인이 되어 살다보면 현실이 녹녹치 않을 때 우리는 가끔씩 그런 추억과 동경을 불러낸다. 더불어 어느 눈 내리던 날 그럴 땐 누구와도 손잡고 다정히 추억을 나누고 싶어질 것이다. “눈이 내리는 것 보고 싶다” 는 것은 그런 동경과 추억에 빠져들고 싶은 마음에서일 것이다. 티 없이 하얀 눈은 순결을 연상시킨다. 외부의 환경은 우리의 의식에까지 영향을 미친다. 눈의 순결과 마주하는 순간 우리는 우리의 의식까지 순결해지는 느낌을 받는다. 그건 일종의 마음을 비우는 순간이기도 하다. “눈이 내리는 날에는/텅 빈 가슴에/하얀 눈을 가득 채우고 싶다”는 의식은 마음을 동경과 추억은 물론 순결로 가득 채우고 싶다는 의미이기도 하다. 눈을 매개로 한 이 시의 테마는 그래서 인상적이다.

지금까지 살펴본 우맨 정경삼의 시에 대한 인상은 진솔하다는 점이다. 우맨 정경삼은 시 쓰기에서 시의 예술성이나 심미성은 고려하지 않는 편이다. 그저 진솔하게 자기 감정에 충실하다. 감정의 원석 같은 진솔한 정서가 시마다 눈부시지 않게 발화한다. 시심이 감정의 골을 따라 유연한 흐름을 타고 있다. 독자는 그저 그 흐름을 따라가면 그가 이루어낸 서정의 처음과 끝을 만난다. 언어도 유별나지 않다. 감정을 일상적 언어에 담아 시를 쌓다, 시적 언어 구축에 이른다. 또한 우맨의 시는 거대한 화두보다 스스로의 일상이 훨씬 주요한 덕목이 된다. 그런 덕목들을 나름의 시법으로 구축해 낸다. 그런 면에서 그의 시는 그저 감정의 기복이 시심을 이룬 한 편의 시일 뿐이다. 그의 시는 그런 점들로 하여 고백적 감정 토로의 시가 된다. 특히 우맨 정경삼의 사랑의 시가 그렇다. 하지만 그런 자기 감정과 고백에만 매달린다면 그만큼 시의 미적 매력은 상쇄된다. 또한 그런 감정에만 매달리는 건 일종의 매너리즘이다. 시인이면 누구나 자기 매너리즘에 빠져 드는 것을 경계해야 한다.

시집 상재를 축하하면서 평설을 맺는다.

정경삼 시집
우맨의 이야기
아홉 번째

인쇄일: 2018년 10월 3일
발행일: 2018년 10월 10일

지은이: 정경삼
펴낸이: 최경식
펴낸곳: 도서출판 청옥문학사
인쇄처: 세종문화사

등록번호 제10-11-05호
E-mail: sik620@hanmail.net
전화: 051-517-6068

값 10,000원

ISBN 978-89-97805-78-5 03810

이 도서의 국립중앙도서관 출판예정도서목록(cip)은 서지정보유통지원시스템 홈페이지(http://seoji.nl.go.kr)와 국가자료공동목록시스템(http://www.nl.go.kr/kolisnet)에서 이용하실 수 있습니다.(cip2018031139)